Tadpole Books are published by Jump!, 5357 Penn Avenue South, Minneapolis, MN 55419, www.jumplibrary.com

Editor: Jenna Trnka **Designer:** Anna Peterson **Translator:** Annette Granat

Photo Credits: Oleksiy Maksymenko/All Canada Photos/SuperStock, cover; Mitrandir/Dreamstime, 1; Teresa Kenney/Dreamstime, 2–3; Ricky Deacon/Dreamstime, 4–5; Art Konovalov/Shutterstock, 6–7, 16tl; John Panella/Shutterstock, 8–9, 16tm; benedek/iStock, 10–11, 16br; Sjo/iStock, 12–13, 16bl; HodagMedia/Shutterstock, 14–15, 16tr, 16bm.

Library of Congress Cataloging-in-Publication Data is available at www.loc.gov or upon request from the publisher.
978-1-64128-110-2 (hardcover)
978-1-64128-111-9 (ebook)

¡VAMOS!

LOS CARROS

por Tessa Kenan

TABLA DE CONTENIDO

tadpole books

LOS CARROS

Este carro
es pequeño.

Este carro
es grande.

corto

Este carro es corto.

largo

Este carro es largo.

Este carro es viejo.

Este carro es nuevo.

Este carro es lento.

¡Este carro es rápido!

REPASO DE PALABRAS

corto

largo

lento

nuevo

rápido

viejo

ÍNDICE